AF457424

ÉLOGE

DE

M. SOUBRY,

TRÉSORIER DE FRANCE

DE LA GÉNÉRALITÉ DE LYON.

Par M. Bt. D. M... eux.

Bruyzet de Manilieux son petit neveu.

Mens etenim recta & puri sibi conscia cordis.

A CHAMBERY.

M. DCC. LXXV.

ÉLOGE

De M. Soubry, Trésorier de France de la généralité de Lyon.

L'ÉLOGE que je présente au public, n'est pas celui d'un grand, dont la flatterie environne le tombeau; c'est celui d'un citoyen, savant & vertueux. Si l'on s'efforce d'immortaliser le génie, ne doit-on pas chérir les vertus sociales? Nous sommes assez assaillis du langage de l'esprit; les sentiments du cœur se font chercher: & quand un homme a montré, dans la société, des qualités rares à rassembler, ne doit-il pas être honoré de son vivant, & sa mémoire (1) conservée à la postérité?

M. Soubry naquit à Lyon, en 1705, d'une famille estimée des citoyens: sa mere joignoit, à une aménité de caractere, un jugement & un esprit qui la faisoient distinguer de son sexe: son pere traitoit les affaires en négociant, dont la grandeur d'ame ne suppose aucune méfiance,

(1) A quoi sert l'organe de la voix, puisqu'à peine les monuments les plus solides la rappellé?

& qui juge de la probité des autres hommes par les mêmes motifs qui le font agir : auſſi facile à faire des envois conſidérables, qu'à accorder des delais, ſes correſpondants n'étoient pas dans la crainte de perdre leur crédit par des rembourſements imprévus, ou d'abandonner l'eſpoir de leur fortune.

Les ſecours, qu'il préſentoit aux pauvres, étoient d'autant plus obligeants, qu'ils étoient ſecrets. Il regardoit ſes enfants comme ſes amis ; & en ſe reſſouvenant qu'il avoit eu les mêmes foibleſſes, il croyoit n'avoir ſur eux que l'avantage de l'expérience.

Sa patrie rendit juſtice à ſon mérite, & la voix des citoyens l'éleva aux charges municipales.

Ce fut ſous de tels modeles que fut élevé M. Soubry, avec un frere & une ſœur, dont il étoit le cadet. Les deux freres furent mis au college, pour s'inſtruire d'une ſeule langue ; mais une même éducation ne forme pas les mêmes penchants (2). Je ne ſuivrai point

(2) Certains moraliſtes ont avancé que l'éducation opéroit toutes les variations de notre caractere ; cependant eux-mêmes pourroient avouer que leurs paſſions les ont entraînés dans telles démarches ou tels vices. La raiſon n'eſt forte que dans un tempérament froid & tranquille : le ferment qui nous agite, plus ou moins combiné, nous fait tomber, plus que l'on ne croit, dans le torrent de la fatalité.

M. Soubry dans cet âge, où la curiosité multiplie les caprices, & où ceux-ci se changent en passions. Le fond du tableau de l'enfance des hommes doit être peint d'une même couleur : le germe des inclinations, mis par la nature, trace ensuite, sur la superficie, des traits différents.

L'enfant, dans sa jeunesse, s'arrête déjà sur les objets qui doivent le maîtriser un jour, & son inclination (3) s'y détermine toujours par quelque hasard favorable.

Rappellé dans la maison paternelle, il suivit, par devoir, les occupations de son pere, qui savoit qu'il faut un peu de fortune dans le monde pour braver le regard orgueilleux du riche.

La conformité de caractere le lia bientôt avec plusieurs personnes de mérite. Les beaux arts l'occuperent d'abord ; & sans faire une étude sérieuse de la musique & de la peinture, il ne s'y livra que pour les agréments de la société ; & celle qu'il fréquentoit étoit assurée de passer des moments agréables. Libre, par la mort de son pere, (qui lui laissa une fortune suffisante pour

---

(3) Notre tempérament décide souvent de nos facultés intellectuelles : un homme en qui de certaines humeurs abondent, ne peut penser d'une certaine maniere, & est incapable de telle action.

un philoſophe) d'étendre ſes connoiſſances, il ſe livra à tout ce qui pouvoit ſatisfaire la paſſion d'un curieux: & comme les réflexions d'un eſprit ſpéculatif ſe portent ſur différents objets, ceux que la nature a choiſis pour la deviner, ont des penſées qui échappent à d'autres; tout ce qui étoit relatif au ſpectacle de la nature, ôtoit tout autre idée à M. Soubry; il choiſiſſoit les endroits ſolitaires de la campagne pour herboriſer, ou voir ramper les inſectes. Cette inclination ſe changea bientôt dans lui en paſſion. Il étendit ſes promenades ſur les montagnes; il avoit déjà ramaſſé tout ce qui pouvoit lui ſervir de canevas pour des méditations plus profondes. Lorſqu'il comprit que la province ne ſuffiſoit pas pour contenter les deſirs d'un philoſophe, il voulut connoître le centre des beaux arts & des merveilles de l'antiquité, & partit pour l'Italie.

Ce pays eſt agréable pour un ſimple curieux, mais fatigant pour celui qui veut acquérir des connoiſſances: l'un ne s'attache qu'aux objets qui le ſurprennent & l'amuſent, & aime à les varier: l'autre revient voir ſouvent les mêmes phénomenes, & tâche d'en approfondir la cauſe. Tous les efforts du génie dans les ſciences, comme dans les arts, s'y trouvant raſſemblés, l'étranger revient chez lui avec des regrets ſur ce qu'il a négligé de voir.

Rien ne coûtoit à M. Soubry, ni voyages, ni accès difficiles; il oublioit la peine qu'il avoit eue, quand il voyoit un homme célebre ou quelques raretés : aussi, peu de savants à qui il n'eût parlé. Ses principales occupations étoient de connoître les manieres des différents peintres, de sorte qu'il pût décider de leurs noms par leurs touches particulieres.

Il revint dans sa patrie, comme un voyageur, instruit sur tous les objets relatifs aux curiosités, dont il avoit l'imagination remplie; & ayant quitté une nation, dont les dehors prévenants sont entourés de circonspection, il résolut de voir le temple du goût & de la gaieté Françoise.

Arrivé dans la capitale de la France, il ne lui fut pas difficile d'être introduit chez les personnes qui avoient la réputation de méditer sur les merveilles de la nature. La tournure de son esprit & son abord prévenoient tout le monde en sa faveur. Tous les cabinets lui furent ouverts, & les curieux reconnurent, dans M. Soubry, un savant modeste, qui ne parloit de ses connoissances que comme des conjectures; mais dont les découvertes étoient lumineuses. Il profitoit de la liberté que les physiciens lui donnoient de les suivre dans leurs travaux; il étudioit jusqu'à leur façon de vivre; tout l'intéressoit dans les personnes de réputation, qui lui ressembloient par les mêmes passions, & personne aussi ne réussissoit mieux que lui à dépeindre ce qu'il avoit vu.

Il fut invité, par ses amis qui se trouverent à Paris, de les accompagner en Flandre & en Hollande; il ne se refusa pas à un projet qui lui préparoit de nouveaux plaisirs. Ce fut dans ce voyage qu'il songea à rassembler des matériaux, pour former le cabinet qui fait encore aujourd'hui l'admiration des connoisseurs (4). Il fut accueilli en Hollande comme à Paris. Les savants Hollandois regardoient M. Soubry, comme un peintre, un botaniste, & un physicien : il leur rendit compte, à son tour, des découvertes du monde philosophique, & surtout des raretés de la capitale de la France, dont un étranger est toujours avide.

Comme l'art, dans ce pays, s'est efforcé de subjuguer la nature, l'industrie y paroît dans tout son jour; & le commerce s'étend autant sur les

(4) La succession de M. Soubry a été divisée entre plusieurs héritiers; son cabinet étoit compris dans cette division : un de ses neveux, qui joint le goût des arts à celui des sciences, a pris cette partie précieuse d'objets de curiosités en compensation de sa portion d'héritage, & l'a conservée tout entiere aux amateurs.

objets,

objets utiles, que ſur les agréables. Ainſi le naturaliſte, comme le négociant, y ont chacun leur laboratoire; tandis que l'un reçoit les marchandiſes arrivées de l'Eſpagne ou de l'Inde, l'autre ſépare les coquillages, les oiſeaux, les poiſſons qui arrivent d'un autre hémiſphere où la nature les avoit placés (5).

Chaque pays a ſes productions que la nature varie ſuivant le ſol & le climat; de ſorte que le phyſicien peut faire des obſervations nouvelles dans les endroits différents où il ſe trouve. L'on ſent que M. Soubry ne négligea pas de ramaſſer tout ce qui étoit analogue à ſes connoiſſances.

Il quitta la Hollande, regretté de ceux qui l'avoient connu, & qui lui promirent une correſpondance exacte pour ſe dédommager de ſon abſence.

Avant que de rentrer en France, il paſſa en Angleterre, avec la même envie de s'inſtruire, & de connoître tout ce qui avoit de la réputation.

Il revint enfin dans ſa patrie, ſuivi de tous ſes tréſors. L'on peut donner ce nom aux collections d'hiſtoire naturelle, qu'un phyſicien regarde comme ſes effets les plus précieux.

---

(5) Les impôts doivent-ils s'étendre ſur les curioſités de la nature, comme ſur les productions d'induſtrie?

Sa famille & ſes amis profiterent de la tranquillité où il fut alors, pour l'inviter de ſe fixer dans ſa patrie par un état; mais il en voulut un qui ne le rendît ni dépendant du public, ni le contraignît dans ſes paſſions : il acheta un office de tréſorier de France : la joie que la compagnie eut de le recevoir, fut un préſage de tout l'avantage qu'elle croyoit retirer de ſa préſence.

Il s'occupa, dans ces moments, à mettre en ordre ſes collections : les tableaux dont il orna ſes appartements étoient originaux, ou du moins les meilleures copies (6).

---

(6) Rien de plus plaiſant que d'entendre un prétendu connoiſſeur, nommer, à la vue d'un tableau, un tel peintre pour l'auteur : il le reconnoît, dit-il, à ſa maniere, au coloris, au contour des figures, & cependant ce n'eſt qu'une copie.

Entrez dans le cabinet d'un curieux, il vous fera admirer un tableau, dont l'exécution eſt, dit-il, d'un grand peintre. Mille particuliers dans une ville ſe vantent de poſſéder différents ouvrages de ce même peintre. Ce que je dis d'une ville, ſe voit dans toutes les villes connues. Parcourez celles de l'Europe, vous verrez des tableaux qui repréſentent le même ſujet; chaque propriétaire vous ſoutiendra que ce ſont des originaux : or, il faudroit que chaque peintre eût paſſé ſa vie à ne peindre qu'un ſeul ſujet d'action, & qu'il en eût exécuté chaque jour un nombre infini, pour orner des milliers de cabinets & de temples où ſon nom eſt cité; ce qui ſûrement eſt impoſſible. L'on refuſe au

Nous avons dit que M. Soubry, dans ses voyages, n'avoit pas négligé l'étude de la botanique ; il avoit apporté beaucoup de plantes étrangeres : il voulut encore faire de nouvelles observations sur les montagnes de sa province (7). Les botanistes étrangers lui avoient parlé des montagnes de la Suisse, comme les plus renommées pour contenir plus d'especes de plantes : il y courut. La vie turbulente est inséparable de l'envie de s'instruire ; mais la science d'un botaniste exige un travail tout différent que celui des autres sciences. Tandis que le géometre & l'historien sont tranquilles dans leur cabinet, le botaniste parcourt les forêts & les montagnes, supporte, avec courage, la faim, la soif, les intempéries des saisons ; & saisissant, sur le bord d'un précipice, la plante salutaire que la nature y a placée, revient enfin, le soir, chargé du fruit de ses fatigues, prendre du repos dans une cabane, espérant de gravir le lendemain

---

copiste la gloire de l'admiration qu'il nous cause ; cependant le temps leur rend justice & les confond avec les fameux peintres ; & comme l'on s'est accoutumé à ne citer, pour auteur d'un tableau, que le peintre qui vivoit il y a un siecle, la copie alors devient originale.

(7) Il avoit fait plusieurs voyages sur les montagnes de Pila, celles de la Magdelaine, &c.

des rochers escarpés, pour continuer ses recherches. Quand M. Soubry avoit trouvé la plante qu'il desiroit, il se croyoit bien dédommagé de ses fatigues.

A son retour, il rangea un herbier des mieux choisis (8).

En trouvant, à son adresse, des caisses remplies des merveilles de la nature, il vit bien que ses amis de Hollande ne l'avoient point oublié : oiseaux, poissons, insectes, coquillages, pétrifications, cristallisations, tout étoit rangé dans le meilleur ordre : c'est dans ces moments que l'ame d'un physicien est absorbée dans toute l'étendue du terme. Tous les plaisirs du monde n'ont alors plus d'attraits pour lui ; il regarde plusieurs fois le même objet, en lui donnant un nom distinctif.

Son zele ne se renfermoit pas dans les occupations de son cabinet ; il l'étendoit encore du côté de l'avantage de ses citoyens. L'homme utile à sa patrie se reconnoît par ses actions & son désintéressement.

Des raisons sûrement supérieures avoient

---

(8) Il y a beaucoup de botanistes, & peu de personnes méritent ce titre : l'on confond quelquefois la plante vénéneuse avec la salutaire, par le peu de différence qui s'y trouve.

obligé la ville de Lyon à perdre de vue un établissement essentiel, tel qu'une académie de dessein. M. Soubry & ses amis eurent des sentiments aussi élevés que généreux : ils établirent, de concert, une académie de dessein, firent les fraix de tout cet établissement, qui fut soutenu de la protection de M. Bertin, alors intendant de Lyon : les éleves, nés avec des talents, se ressouvenoient qu'ils devoient à des particuliers leur fortune, sans le secours de leur patrie.

L'histoire naturelle ne l'avoit pas dégoûté de son inclination pour les arts d'agréments. Sachant que l'harmonie remet le calme dans l'ame que les passions ont agitée, il s'amusoit à jouer des instruments. Les charmes de la musique ont de l'empire sur les ames sensibles, & causent peut-être une vibration sympathique dans nos nerfs (9).

L'académie des beaux arts ne put mieux fixer son choix, qu'en le priant d'accepter la place de directeur ; & pendant le temps qu'il voulut porter ce titre, le concert de Lyon pouvoit sou-

---

(9) Une musique variée seroit peut-être le meilleur remede pour cette maladie de nerfs si répandue, qui n'est causée que par la lenteur du fluide nerveux qu'il faut agiter.

tenir l'éloge désigné dans le dictionnaire encyclopédique (10).

---

(10) « Le concert de Lyon, dit l'auteur de l'article, est » établi en forme de lettres-patentes, & a le titre d'aca- » démie royale de musique. Il est administré par des direc- » teurs élus par les particuliers associés, & c'est un des » meilleurs qu'il y ait en province. Par un des statuts de » cet établissement, chaque concert doit finir par un motet » à grand cœur. Il n'est guere de villes en Europe où l'on » ait plus de goût pour les arts, dont les habitants soient » aussi bons citoyens, & où les grands principes des mœurs » soient si bien conservés. L'opulence ne les a point dé- » truits, parce qu'elle n'y fleurit que par le travail & l'in- » dustrie ».

L'étranger que l'on a prévenu avant que d'arriver à Lyon, que le concert de cette ville n'existe plus, est agréablement détrompé, quand introduit au concert des amateurs il s'y voit entouré d'une assemblée plus brillante qu'aucune province puisse fournir, y entend une musique des mieux exécutées, & que les voix qui l'enchantent sont celles des dames qui joignent le goût des talents aux charmes de la beauté : alors il pense bien que l'article ci-dessus ne peut plus être tourné du côté de l'ironie, & que l'on peut oublier le temps où une dame s'écrioit : ah ! quelle voix, Monsieur, vous nous avez procurée ! ah ! que le concert est mauvais ! L'officier du concert répondit modestement : il est vrai, Madame, que nous n'avions pas entendu cette chanteuse ; car nous avons fait prix avec elle à cent lieues d'ici : mais notre directeur a reçu de bons témoignages sur ses vie & mœurs ; & si nous la renvoyons, il lui faut

Un botanifte ne peut manquer d'avoir des principes fur l'agriculture. Les qualités des

---

des dédommagements. C'eft donc le public, Monfieur, qui eft la victime de l'engagement que vous prenez. Ah! Madame, c'eft ce même public qui eft la caufe de la ruine du concert; car pour le contenter, nous prîmes des gagiftes de haut prix, & nous fîmes de petites recettes; enfuite nous diminuâmes les honoraires des gagiftes, & nous augmentâmes le prix des abonnements : enfin les chanteurs, les chanteufes & tous les chœurs fe révolterent.

Le tréforier qui payoit toujours & recevoit peu, s'apperçut que fa place étoit ruineufe : il montra, dans une affemblée convoquée, le tableau de fes avances, & les dettes que l'académie des beaux arts avoit contractées avec lui. Il fallut prendre un parti; nous annonçâmes mademoifelle Fel : c'étoit effectivement une reffource ufée pour un mal preffant; mais l'on écrivoit de Paris, que l'âge n'avoit point altéré la douceur de fon gofier, & que fa voix n'avoit que 25 ans.

L'on ne ftipula point dans les conventions, que, fi à fon arrivée elle tomboit malade, le traité feroit nul : cette firene parut dans la province, dont l'air lui fut fi contraire, qu'elle prit un rhume opiniâtre. Malgré cette indifpofition, elle eut le courage de chanter les jours de concert; mais l'on connut bien que c'étoit plutôt pour fe rendre aux defirs du public, qu'à des vues d'intérêts; car, quoiqu'elle n'eût chanté que deux mois, elle accepta, par défintéreffement, la moitié de la fomme qu'on lui avoit offerte pour fix mois d'engagement, fans excepter fes frais de voyage qui lui furent rembourfés.

plantes (11) ont trop de rapport avec les ſels qui fécondent la terre ; & tandis que l'agriculteur

---

Ainſi voyez, Madame, quel fut notre ſuccès, en croyant faire le mieux pour le public & pour nous. Eh, Monſieur! d'où vient donc la cauſe du bagarre des chanteurs & des chanteuſes? Ce fut celle de toutes les aſſemblées ſuſceptibles de rivalité, de jalouſie & de prédilection. Des propos tenus, des, &c. Enfin, Madame, je ne ſaurois vous donner de grands détails à cet égard : quoique je ne connoiſſe pas une note de muſique, j'étois, il eſt vrai, officier du concert : mais je n'étois occupé dans mon emploi, qu'à donner la main aux dames. Je vais ce ſoir au concert des amateurs jouer le même rôle : vous aurez donc, Monſieur, la complaiſance de m'y placer plus avantageuſement que lundi paſſé, & de ne point m'expoſer pendant un quart-d'heure à la mal-adreſſe de celui qui fait voltiger ſur ma tête ſix carafes de rafraîchiſſements. Mais il me ſemble, Madame, que votre billet eſt ſouſcrit de votre main. Et qu'importe, Monſieur, les avis publiés? Ils ne ſont faits que pour rendre la choſe plus précieuſe ; & quand l'on n'arrive que dans le deſſein d'applaudir, une mal-honnêteté reçue va plus loin qu'on ne penſe.

(11) L'académie a propoſé quelles pourroient être les plantes indigenes, qui pourroient ſuppléer au ſéné, à l'ipécacuanha, au quinquina ; je doute qu'on puiſſe les trouver, quoique les plantes de l'Europe fuſſent plus analogues à notre conſtitution. L'intempérance a affoibli l'élaſticité de nos viſceres ; nos humeurs ſont d'une âcreté très-viſqueuſe : ainſi pour les diviſer, il faut des ſubſtances plus actives. La progreſſion de l'uſage des remedes violents a

tâche,

tâche, par des essais répétés, de découvrir les secrets de la fécondation, le botaniste étudie la vertu des sucs élaborés dans les plantes.

La société d'agriculture, en le recevant, se flatta d'augmenter le nombre des personnes qui pouvoient l'éclairer de leur expérience.

Un homme tel que M. Soubry, qui remplissoit le vuide du temps par des occupations agréables, pouvoit-il être dévoré par l'ennui (12)? Jamais oisif, il partageoit les heures de la journée entre les devoirs de son état, les études de son cabinet, & la compagnie de ses amis (13).

Quand il fut chargé du syndicat du bureau des finances, il s'acquitta de ses fonctions, avec autant de zele, que s'il n'eût pas eu des goûts plus dominants.

Parmi les genres d'études rassemblés dans le cabinet de M. Soubry, il s'étoit attaché à connoître les procédés industrieux des insectes, &

suivi les excès d'intempérance, puisque les minéraux ont remplacé les végétaux; & qu'à la mauve, au coquelicot, à la gentiane, au safran ont succédé l'aloès, la ciguë, l'aconit, &c.

(12) Maladie que bien des gens ont sans qu'il y paroisse, & donnent aux autres sans s'en appercevoir.

(13) Ceux qu'il eut dans sa jeunesse, ont toujours cultivé sa société.

& sur-tout des chenilles, qui tiennent, dans l'histoire naturelle, un des premiers rangs.

L'homme fastueux rassemble tout ce qui peut flatter son luxe, plutôt que ses connoissances; mais le physicien ne veut qu'étudier de près les ouvrages de la nature, & la suivre dans ses variations.

Le monde physique est un labyrinthe, divisé par des routes innombrables. La vie de l'homme curieux est de si peu de durée, qu'il ne peut que suivre une de ces routes : encore est-il arrêté à chaque pas par mille métamorphoses (14); & plus il avance, plus les prodiges se multiplient.

---

(14) Quelle réflexion ne feroit-on point sur la seve des plantes, & sur la liqueur prolifique? Un physicien Hollandois prétendoit que cette liqueur est pleine d'animalcules, qui doivent se transformer en hommes; que tous les animaux, ainsi que les hommes, les prennent par la respiration & dans les aliments; que chaque famille d'animalcules va se rendre dans l'espece mâle, avec laquelle elle a plus d'analogie; qu'au moment de la copulation ils passent dans le corps de la femelle, dans les œufs de laquelle ils se développent, & qu'après la mort de l'homme ils sortoient de leurs enveloppes terrestres, reprenoient leur essort dans l'air, jusqu'à ce qu'une attraction favorable les fît redevenir hommes : ainsi, suivant ce sentiment, tous les animaux naîtroient par des métamorphoses préordinées & invisibles.

Rien ne meurt donc aux yeux de l'observateur physicien : par-tout il voit des résurrections & des transformations nouvelles : tout se modifie à ses yeux : depuis l'insecte, peut-être, jusqu'à l'homme, tout devient chrysalide (15).

Emprisonné dans un flacon de verre, l'insecte ne cachoit à M. Soubry, ni sa façon de vivre, ni ses ruses, ni sa destinée. Enveloppé dans sa chrysalide, il se remontroit à lui, dans des temps plus ou moins éloignés, sous la forme de papillon; & la chenille la plus hideuse devenoit, dans sa métamorphose, le plus bel insecte ailé.

A force de voir des merveilles (16), l'esprit du physicien est quelquefois découragé. En songeant que ce que la nature lui découvre, n'est rien en comparaison des secrets qu'elle voile à

(15) Le premier physicien qui dévoila la transformation des insectes, eut peut-être la premiere idée de la métempsycose.

(16) Quelle énigme que ces polybes, qui, tantôt végétaux, tantôt animaux, se nourrissent, digerent, se reproduisent par boutures, par rejetons, ou par greffe; qui, coupés par morceaux, forment chacun autant d'êtres vivants, lesquels se multiplient encore à l'infini! Quels prodiges dans la structure, la métamorphose des insectes & leur résurrection, & de ceux dont les têtes renaissent après avoir été coupées!

son intelligence ; arrêté au milieu de ses découvertes par quelques *pourquoi* inexplicables, il invente des systêmes. M. Soubry cherchoit la vérité ; & connoissant les plantes dont les insectes se nourrissent, il observoit quelles étoient la durée & la transformation de ceux qui se nourrissent de telles plantes ; pourquoi ceux qui vivent de cette plante sont ennemis de ceux qui vivent d'une autre, (car dans le peuple chenille, il y a plusieurs nations différentes qui ont toutes des mœurs variées.) Il avoit fait peindre ces insectes, en leur couleur naturelle, sur l'espece de feuille qui leur sert de nourriture. Cette maniere de représenter l'histoire naturelle, la rend agréable à la personne la plus éloignée des réflexions physiques. Une collection de papillons formoit, à l'entrée de son laboratoire, un amphithéatre séduisant par la variété de leurs couleurs. Tout autour étoient rangées, comme dans des volieres, des familles d'oiseaux posés sur des branches, avec la parure de leur plumage, & une apparence de vie (17). Ceux de même espece,

(17) Un amant qui voulut consoler une femme de la mort d'un oiseau chéri, tâcha de le représenter comme vivant à ses yeux : de là l'art industrieux de donner aux oiseaux ce genre d'immortalité. Le R. P. Fourcaut, minime,

mais de différents pays, étoient distingués par la couleur que le climat leur donne. Les poissons, ornés de leurs écailles brillantées, paroissoient comme s'ils sortoient de leur élément; & les autres curiosités renfermées excitoient autant la surprise & l'attention, que les visibles.

Les charmes de son cabinet ne le captivoient pas tellement, qu'il ne se rendît à l'invitation des sociétés qui le desiroient. Comment n'en auroit-il pas été accueilli ? Il n'étoit pas de ces gens inabordables par leurs caprices, énorgueillis de leurs connoissances, pour en imposer à ceux qui ne pensent pas comme eux : il ne montroit dans la conversation, ni le front hérissé d'arguments, ni cet esprit de contradiction : toujours le sien étoit de niveau avec la société où il se trouvoit, parlant de bagatelles aux enfants, comme d'affaires sérieuses aux personnes sensées. Ennemi de toute contrainte, quand l'on étoit chez lui, l'étiquette de cérémonie étoit bannie:

excelle dans cet art, par la composition de la liqueur qu'il injecte, & par sa dextérité à la faire pénétrer dans les visceres de l'animal. Ceux qui sont forcés, par devoir d'état, de mener une vie solitaire, sont plus capables que les gens du monde de faire des découvertes. Les dissipations & les circonstances où se trouve un citoyen, sont souvent un obstacle à ses inclinations.

chacun croyoit être chez ſoi; auſſi vouloit-il être de même chez les autres; & à la campagne, chez ſes amis, il ſortoit le matin & ne revenoit qu'à ſa volonté.

L'on voit que la liberté étoit le bien que M. Soubry chériſſoit le plus; auſſi ne forma-t-il aucun engagement qui pût le lui faire perdre: ce n'eſt pas qu'il ne fût ſenſible aux charmes d'un ſéxe qui le trouvoit aimable; mais il garda le célibat, parce que cet état s'accordoit avec ſes paſſions, que les nœuds du mariage auroient affoiblies (18).

Ses moments les plus agréables étoient ceux où il pouvoit raſſembler chez lui des artiſtes en tous genres; & les ſavants, qui voyagent continuellement de Paris à Rome, ſavoient, avant que d'arriver à Lyon, qu'ils trouveroient, dans le cabinet de M. Soubry, des objets d'admiration, &, dans ſon caractere, des excès de complai-

---

(18) Il ſemble que l'imagination de l'homme, dans l'état du mariage, ſe reſſent de la captivité où il ſe trouve. Abuſé par les charmes ſur leſquelles il fondoit ſon bonheur, il ne ſe voit plus entouré que d'inquiétudes, de ſoins & de tracaſſeries qui abattent ſon eſprit. Auſſi les hommes, doués de plus de génie, ont ſuivi l'inſtinct particulier de la nature qui leur a inſpiré de vivre dans le célibat.

ſance. Ils publioient, après l'avoir quitté, qu'ils avoient connu un philoſophe qui joignoit la modeſtie à la ſcience : il eſt vrai qu'il ne falloit pas chercher M. Soubry dans ces dehors brillants, ni ce vain étalage de paroles recherchées & clinquantes, qui donnent de la réputation à ceux qui ne le valoient pas. Pour bien ſentir ſon mérite, il falloit le connoître : ſimple dans ſes mœurs, s'il mêloit dans ſes diſcours quelques traits de ſcience, il ne les aſſaiſonnoit jamais que d'enjouement & de plaiſanterie.

Ses délaſſements étoient des promenades à la campagne. Le naturaliſte y eſt ſurpris, à chaque pas, par des objets qui ſeroient indifférents à d'autres. M. Soubry y alloit toujours avec ſes armes ordinaires, des raquettes pour prendre des papillons, & des flacons pour renfermer des inſectes.

L'homme, que les merveilles de la nature occupent ainſi, eſt aſſez indifférent pour les événements que la politique ou l'intrigue fait naître ; il regarde ces viciſſitudes comme les décorations du théâtre du monde, que la fortune varie à ſon gré. Si M. Soubry étoit tranquille ſur tous ces objets, il étoit ſenſible, & dans la plus grande alarme, pour tout ce qui pouvoit intéresser ses parents (19) & ses amis : il sacrifioit alors ses plus douces occupations, pour les voir & les visiter : s'ils étoient malades, il les dissuadoit de l'usage des remedes : regardant la médecine comme un art conjectural, il savoit que, les constitutions étant différentes, le malade est souvent la victime du système général (20) que

(19) Il aimoit beaucoup sa sœur, qui vit encore ; & on la reconnoîtra, sans la nommer, quand je dirai que la sensibilité de son cœur, la noblesse de son ame, son esprit, & les qualités essentielles à une mere de famille lui ont acquis une estime générale.

(20) Un médecin Anglois croyoit que nos maladies étoient toutes vermiculaires ; que telle maladie étoit occasionée par des vers d'une telle structure, & qu'elle ne pouvoit être détruite que par la naissance d'une espece de vers ennemis de ceux qui causoient la maladie. Il avoit découvert, avec le microscope, la nature & le caractere des vers produits par la putréfaction, & de ceux qui naissent dans notre estomac par des saburres alkalines ou acides ; & faisant une division des vers opposés les uns aux autres, par leurs formes & leurs qualités, il séparoit des vers vifs d'avec les lents ; des vers carnaciers, de ceux qui ne vivent que de végétaux ; des vers gloutons, qui prennent une grande croissance, des, &c. Ainsi dès qu'il connoissoit l'humeur ou le ver qui dominoit dans la maladie, il savoit l'ennemi qu'il devoit combattre, ou celui qu'il falloit lui opposer. Son secret étoit dans le choix des plantes que lui fournissoient tous ses moyens. L'idée de cet homme alloit

le

le médecin adopte dans ses traitements; il faisoit des observations continuelles sur la vertu des plantes usuelles.

S'il n'a présenté au public aucun ouvrage, c'est que ceux de la nature s'étudient lentement, & qu'il faut découvrir la vérité de l'erreur qu'ont suivi les observateurs qui nous ont précédés.

Les académiciens (21) de Lyon auroient dû être flattés de le recevoir au nombre de ceux qui tâchent de reculer le terme de nos connoissances; ils auroient montré alors au public que ce ne sont point les considérations (22) qui

plus loin : nos différents visceres nourrissent des vers analogues à leurs composés : la force, la foiblesse & le dépérissement de ces parties dépendent du plus ou moins de vigueur de ces animaux, de leur trop grande quantité ou de leur petit nombre, enfin de quelques causes vénéneuses qui les détruisent. Ainsi l'on s'apperçoit bien que nos maladies, suivant ce systême, n'ont leur source que dans la révolution qui arrive chez ces familles vermiculaires, & que nos fievres peuvent n'être occasionées que par la naissance d'une famille étrangere que les autres tâchent d'expulser, &c. &c.

(21) La place d'un académicien se brigue maintenant comme un emploi de finance.

(22) Un jeune homme qui a compilé une réponse à un systême, & a lu, dans une assemblée, un dialogue ramassé

les déterminent à reconnoître le mérite d'un citoyen. Avec une application continuelle, secondée par des obſervations, il penſoit à rédiger des mémoires ſur ſes découvertes, lorſqu'il fut attaqué d'une mort imprévue.

M. Soubry avoit beaucoup d'emponpoint, le viſage fort coloré; il étoit ſujet à des hémorragies fréquentes & à des inſomnies; il ſe plaignoit, avant la fin de ſa vie, d'étourdiſſements: ſes amis lui avoient conſeillé quelques remedes; mais ſouvent un botaniſte eſt l'ennemi de la médecine.

Invité, un jour d'été, d'aller dîner à la campagne, il y fut à pied, mangea plus que de coutume, & parut d'une gaieté extraordinaire.

ſous les bancs du college, une fable à ſes contemporains, où on l'a voulu peindre lui-même, a été reçu aſſocié à l'académie. Les conſidérations doivent-elles arracher des ſuffrages, la récompenſe des véritables talents, & qui ſont toujours modeſtes? Mais l'on a eſpéré qu'il ſe corrigeroit des tons d'arrogance & de pédantiſme qu'il a montrés dans nos ſociétés; car il auroit beau dire:

Et quand je ſerai vieux,
Si j'ai mal fait, je ferai mieux.

Ces défauts le feroient fuir des gens ſenſés, comme s'il avoit la maladie qu'il donne à ſon éleve.

(La nature nous trompe-t-elle à l'approche de ses moments destructeurs, ou fait-elle un dernier effort pour vaincre son anéantissement?) Il revint de la campagne, s'amusant à herboriser : la chaleur du jour, peut-être, enflamma ses humeurs; & se sentant, le soir, incommodé, il ressortit pour faire de l'exercice; seul remede auquel il avoit de la confiance. En rentrant chez lui, il soupa & se remit au lit sans indisposition apparente. Depuis ce moment jusqu'à celui où il cessa de vivre, comment augurer des causes de sa mort? Une seule domestique, sa cuisiniere, couchoit dans ses appartements. Il se traîne près d'elle au milieu de la nuit, lui demande du secours: cette fille, dans la premiere terreur du réveil, étourdie elle-même, se leve à la hâte; elle n'est guidée, dans l'obscurité de la nuit, que par la voix plaintive de son maître; elle s'approche de lui, le soutient de toutes ses forces pour le ramener près de son lit, & court appeller du secours. Mais la plus grande diligence fut inutile; l'on trouva M. Soubry sans vie, le corps courbé, dans la même attitude où la domestique l'avoit laissé.

Les détails des derniers moments de la vie d'un homme de mérite, sont toujours intéressants : les marques les plus sinceres d'estime, sont celles que l'on donne à la mémoire de celui qui n'existe plus. Les vertus qui distinguoient M. Soubry avoient fait tout leur effet. A la nouvelle de sa mort, il fut regretté de tous ceux qui le connoissoient, & il étoit connu de toute la ville.

L'on reconnoissoit facilement, à sa physionomie, l'aménité & la douceur qui le caractérisoient, &, dans la société, les qualités de son cœur. Sous un extérieur de bonhomie, il avoit l'esprit fort délié. La nature l'avoit doué d'une mémoire excellente, & il s'en servoit heureusement pour raconter des anecdotes peu connues. Personne ne parloit avec plus de naïveté & moins de prétention; cependant il avoit l'art de s'attirer l'attention des auditeurs, par la tournure & le ton qu'il donnoit à ses narrations. S'il faisoit un conte, l'on rioit d'avance, parce que l'on s'attendoit à quelques traits de saillie, qu'il plaçoit toujours à propos : si on l'interrogeoit, l'on étoit sûr d'une repartie agréable, pleine de sel.

Cependant, peu curieux de briller, n'aimant ni le faste, ni ses illusions, il se contentoit d'être recherché dans des sociétés de différents genres, où il n'étoit jamais déplacé. Sachant que pour la même opinion, il y a toujours deux partis opposés, il ne se mêloit d'aucune querelle; ses avis étoient toujours dictés par l'équité, ses procédés par la bienfaisance.

Ainsi vécut M. Soubry. J'en appelle au témoignage de ses amis & des savants qui le regrettent. La vie de l'homme n'est donc qu'un tourbillon dans lequel les soucis & les plaisirs se confondent; ses actions passent comme des nuages : celui qui a pratiqué la vertu, n'a pas son terme plus prolongé que celui qui n'a aimé que le vice. Mais si la providence nous impose la loi de nous soumettre à ses décrets, du moins ne nous défend-elle pas de rendre hommage aux vertus qu'elle a fait naître.

Nota. *Pag. 16, lig. 20 de la note, après ces mots*; va plus loin qu'on ne pense, *ajoutez :*

Mais messieurs les amateurs sont incapables de tels procédés : trop d'étalage seulement dans l'ordre des choses fait monter l'amour-propre à un point, qu'il s'offense de ce dont il devroit se moquer. Les habitants du monde ont toujours chansonné les objets de leurs admirations ou de leurs plaisirs. Que n'a-t-on pas chanté devant les César & les généraux Romains dans le moment même de leurs triomphes? Que n'ont pas entendu les Turenne, les Vendôme, les Catinat, les Lowendal, &c.? Que de couplets font éclorre tous les jours les événements & les anecdotes de la cour ! Mais l'on sait que le François n'aime qu'à rire, & ne croit jamais ce qu'il chante, & que le meilleur secret pour faire perdre la voix au chansonnier, est de rire avec lui.

Pag. 16, lig. 3, vient; *lisez* vint.

www.ingramcontent.com/pod-product-compliance
Ingram Content Group UK Ltd.
Pitfield, Milton Keynes, MK11 3LW, UK
UKHW020527180726
13839UKWH00005B/2350